Meine liebsten Börsenzitate

D1720077

Thomas Müller

MEINE LIEBSTEN
BÖRSENZITATE

Bibliografische Information der Deutschen Bibliothek:
Die Deutsche Bibliothek verzeichnet diese Publikation in der Deutschen
Nationalbibliografie; detaillierte bibliografische Daten sind im Internet über
http://dnb.ddb.de abrufbar.

© 2009 TM BÖRSENVERLAG AG
Dr.-Steinbeißer-Straße 10, 83026 Rosenheim
Telefon: 0 80 31/20 33 -0, Telefax: 0 80 31/20 33 30
Internet: www.boersenverlag.de
www.einfach-boerse.de

1. Auflage November 2009

ISBN 978-3-930851-74-1
Printed in Germany

INHALT

Börsenweisheiten 7

Steigende & fallende Kurse 23

Wirtschaft, Staat & die Regierung 35

Gedanken nicht nur über die Börse 53

Geld & Geldanlage 77

Spekulieren & Investieren 97

Aktien & Aktionäre 107

BÖRSENWEISHEITEN

Börsenwissen ist das, was übrig bleibt,
wenn man schon alle Details vergessen hat.

ANDRÉ KOSTOLANY

Jeder Investor sollte die grundlegenden Ereignisse
und Tatsachen der Börsengeschichte kennen.
BENJAMIN GRAHAM

Der Markt hilft wie der Herr denen, die sich selbst helfen.
Aber anders als der Herr vergibt der Markt nicht denen,
die nicht wissen, was sie tun.
WARREN BUFFETT

Wenn die Märkte effizient wären, müsste ich mit einer
Blechbüchse auf der Straße betteln gehen.
Wenn man an einem Markt investiert,
an dem die Menschen an Effizienz glauben,
dann ist das, als ob man mit jemandem Bridge spielt,
dem gesagt wurde, es würde nichts bringen,
sich die Karten anzusehen.
WARREN BUFFETT

Ich habe festgestellt, dass jeder,
der mir je gesagt hat,
die Märkte seien effizient, arm ist.
LARRY HITE

Je mehr die Theorie der effizienten Märkte geglaubt wird,
desto weniger effizient werden die Märkte.

GEORGE SOROS

Es ist kein Zufall, dass das Maskottchen des größten Investment-
hauses der Welt – Merrill Lynch – ein Bulle ist und
dass das Firmenmotto „Bullish für Amerika" lautet.
Selbst wenn die Börse fällt, wagt es keine Investmentfirma,
den Slogan, „Bearish für Amerika" anzunehmen.
Pessimisten haben es in Amerika schwer,
ihren Lebensunterhalt zu verdienen.

JOHN ROTHSCHILD

Ich verkaufe immer bei der ersten Gewinnwarnung.
Wenn man bis zur dritten Herabstufung wartet,
gibt es keine Hoffnung mehr auf Ausstieg.

NICOLA HORLICK, FONDSMANAGERIN

Ich habe mein Geld mit verfrühten Verkäufen verdient.

BERNARD BARUCH

Einer der Gründe, wieso Blasen anschwellen und platzen, besteht
darin, dass alle Fondsmanager gleichzeitig pusten und blasen.

CHRISTOPHER FILDES, JOURNALIST FÜR SPECTATOR MAGAZINE

Zu viele Menschen nehmen ihre Gewinne zu schnell mit.
In einer riesigen Hausse stehen sie mit lumpigen Gewinnen da
und müssen zusehen, wie ihre ehemaligen Positionen steigen.
Und das veranlasst sie gewöhnlich, später Fehler zu machen,
weil sie meinen, der Markt schulde ihnen etwas,
und weil sie zum falschen Zeitpunkt viel teurer kaufen.
MARTIN ZWEIG

Langfristige Anlagen sind kurzfristige Anlagen,
die schief gelaufen sind.
UNBEKANNT

Die Liste der Eigenschaften, die man als Anleger haben sollte,
umfasst Geduld, Selbstvertrauen, gesunden Menschenverstand,
Leidensfähigkeit, Offenheit, Hartnäckigkeit, Bescheidenheit,
Flexibilität, die Bereitschaft, eigene Recherchen anzustellen,
die gleich große Bereitschaft, Fehler einzugestehen
und die Fähigkeit, allgemeine Panik zu ignorieren.
PETER LYNCH

Verliebe dich nie in deine eigene Meinung.
Wenn die Börse nicht so läuft, wie du denkst,
wirf deine Meinung über Bord.
Rechthaberei ist der teuerste aller Fehler.
W. D. GANN

Ich lese keine Zeitungen.
Was wirklich wichtig ist, erfahre ich an der Börse.
AMSCHEL MEYER ROTHSCHILD

Wer an der Börse das Kleine zu viel ehrt,
ist des Großen nicht wert.
ANDRÉ KOSTOLANY

Sell in May and go away, but remember, be back in September!
UNBEKANNT

Kaufen Sie Land. Es wird nicht mehr erzeugt.
MARK TWAIN

An der Börse finden wir immer die erste Generation
einer sich Reichtum verschaffenden Familie.
Die zweite genießt ihn,
und die dritte Generation verliert oder verplempert ihn wieder.
ANDRÉ KOSTOLANY

An der Börse sind zwei mal zwei niemals vier,
sondern fünf minus eins.
Man muss nur die Nerven und das Geld haben,
das Minus Eins auszuhalten.
ANDRÉ KOSTOLANY

Diesmal wird es anders sein,
sind die fünf teuersten Worte an der Börse.
ANDRÉ KOSTOLANY

Schon immer hielt ich es für den Gipfel der Dummheit,
Trades aufgrund von Tipps durchzuführen.
LARRY LIVINGSTON IN „JESSE LIVERMORE – DAS SPIEL DER SPIELE"

Die Börse ist launisch und unberechenbar.
Man muss auch die Reaktion des Publikums erraten.
ANDRE KOSTOLANY

Die nützlichsten Wörter an der Börse sind:
Vielleicht, hoffentlich, möglich, es könnte, nichtsdestoweniger,
obwohl, zwar, ich glaube, wahrscheinlich, das scheint mir...
Alles, was man glaubt und sagt, ist bedingt.
ANDRÉ KOSTOLANY

Kaufen, wenn die Kanonen donnern,
verkaufen, wenn die Violinen spielen.
CARL MEYER ROTHSCHILD

Wenn man nicht auf kleine Gewinne verzichten kann,
wird man keine großen Gewinne machen.
KONFUZIUS

Der Broker liebt den Spieler,
aber seine Tochter möchte er ihm nicht zur Frau geben.
ANDRÉ KOSTOLANY

Es versteht sich von selbst,
dass man nicht zugleich hohe Prinzipien und
hohe Profite haben kann.
HOWARD HUGHES

Der Chart ist ein Faktum.
Der Chart lügt nie.
Die Charts sind unschlagbar.
RALPH J. ACAMPORA

Charts lesen ist eine Wissenschaft, die vergeblich sucht,
was Wissen schafft.
ANDRÉ KOSTOLANY

Ebenso wenig halte ich von Formationen wie
Kopf-Schulter, Triangel, Untertasse und Wimpel,
mit denen die Chartanbeter von heute operieren.
Und inwieweit das Durchbrechen einer
Tage-Durchschnittslinie eine Bedeutung hat,
will mir auch nicht in den Sinn.
Ich antworte mit Hamlet:
Totaler Unsinn, aber mit Methode!
ANDRÉ KOSTOLANY

Die Märkte haben nie unrecht, die Menschen oft.
JESSE LIVERMORE

Versuchen Sie kein Bottom-Fishing.
PETER LYNCH

Beobachtung, Erfahrung, Gedächtnis und Mathematik
– darauf muss sich der erfolgreiche Trader verlassen können.
LARRY LIVINGSTON IN „JESSE LIVERMORE – DAS SPIEL DER SPIELE"

Börsenerfolg ist eine Kunst und keine Wissenschaft.
ANDRE KOSTOLANY

Es ist möglich, Geld – und zwar beträchtliche Summen –
an der Börse zu verdienen.
Aber nicht durch Käufe und Verkäufe,
die man aufs Geratewohl startet.
Die mächtigen Gewinne gehen dem intelligenten,
sorgfältigen und geduldigen Investor zu.
Kaufen Sie, wenn die Aktienpreise tief sind, und
geben Sie die Papiere nicht aus der Hand.
Eine große Schar von Menschen scheint diesen einfachen
Grundsatz nicht zu erfassen. Sie fürchten sich
vor Gelegenheitskäufen. Sie kaufen erst, wenn sie meinen,
jedes Risiko vermieden zu haben.
Meistens kaufen sie zu spät.
J. PAUL GETTY

Die Anleger lernen zu langsam,
dass Wertpapieranalysten nicht immer meinen, was sie sagen.

HERSH SHEFRIN

Die Börse hat einen empfindlichen Magen,
der verdorbenes Zeug sofort wieder ausspuckt.

JOHN KENNETH GALBRAITH

An der Börse ist alles möglich,
auch das Gegenteil.

UNBEKANNT

An der Börse kriegt jeder irgendwann recht.

UNBEKANNT

An der Börse ist eine halbe Wahrheit eine ganze Lüge.

ANDRÉ KOSTOLANY

Der Analytiker denkt und die Börse lenkt.

ANDRÉ KOSTOLANY

Die Börsenspieler gehen meist nur blind mit der Masse.

ANDRÉ KOSTOLANY

Wer gut schlafen will, kauft Anleihen,
wer gut essen will, bevorzugt Aktien.
ANDRÉ KOSTOLANY

Das Gefährlichste an der Börse ist die Überraschung.
Dabei können nur die wenigsten Börsianer ihre Ruhe
und Objektivität bewahren. Meistens ist die Ursache eines
Börsenkrachs nicht objektive Überlegung,
sondern ein massenpsychologisches Phänomen.
Einer entdeckt irgendein Problem, so klein es auch sein mag,
und das verbreitet sich wie ein Lauffeuer.
ANDRÉ KOSTOLANY

Aus Erfahrung klug. Wir machen alle immer wieder Fehler –
besonders an der Börse.
Lernen Sie aus Ihren Erfahrungen.
Ihre Erfahrungen helfen Ihnen, Verluste zu vermeiden!
GOTTFRIED HELLER

Portfoliomanager sind Schafe und Schafe werden geschlachtet.
GORDON GEKKO

Ein Börsenmakler kommt jeden Tag in einen
verdunkelten Raum und zündet Licht an.
PAUL BERWEIN

Nirgendwo sonst an der Wall Street
„gönnt" sich die Geschichte
so häufige und gleichförmige Wiederholungen.
LARRY LIVINGSTON IN „JESSE LIVERMORE – DAS SPIEL DER SPIELE"

Die Börse benimmt sich oft wie ein Alkoholiker;
auf gute Nachrichten weint sie, auf schlechte lacht sie.
ANDRÉ KOSTOLANY

Die Börse reagiert gerade mal zu zehn Prozent auf Fakten.
Alles andere ist Psychologie.
ANDRÉ KOSTOLANY

Viele wundern sich darüber, was an der Börse geschieht;
sie tun es nur, weil sie die Börse nicht kennen.
ANDRÉ KOSTOLANY

An der Börse sagt uns oft das Gefühl, was mir machen,
und der Verstand, was wir vermeiden sollen.
ANDRÉ KOSTOLANY

Die Börse wird von Leuten, die sich für rechtschaffen halten,
gewöhnlich als moralisch verworfen angesehen.
JOHN KENNETH GALBRAITH

Ein Börsianer darf seine Papiere nie im Verhältnis
zum Einkaufspreis,
sondern muss sie zum Tagespreis einschätzen.
ANDRÉ KOSTOLANY

Die beiden schwersten Sachen an der Börse sind, einen Verlust
hinzunehmen und einen kleinen Profit nicht zu realisieren.
Am schwersten aber ist es, eine selbständige Meinung zu haben,
das Gegenteil von dem zu machen, was die Mehrheit tut.
ANDRÉ KOSTOLANY

Ich habe immer zu spät gekauft und zu früh verkauft.
JESSE LIVERMORE

Der Tag, an dem der sonst hartnäckige Optimist
zum Pessimisten wird, ist höchstwahrscheinlich der
Wendepunkt in der Kurstendenz.
Und natürlich auch umgekehrt.
Wenn der eingefleischte Pessimist zum Optimisten wird,
muss man so schnell wie möglich aus der Börse aussteigen.
ANDRÉ KOSTOLANY

Ein alter Börsianer kann alles verlieren,
nur nicht seine Erfahrung.
ANDRÉ KOSTOLANY

Ein Börsianer darf, wenn es sich um Börsengerüchte handelt,
nicht einmal seinem eigenen Vater trauen!
ANDRÉ KOSTOLANY

Ein Börsenspieler ohne Überlegung, Argumente oder Motivation
gleicht dem Roulettespieler. Er ist ein Hasardeur.
ANDRÉ KOSTOLANY

Gutes Timing heißt,
anders als die Börsenmehrheit zu handeln.
UNBEKANNT

Ist die Börse „talk of the town", wird überall,
auf Partys, im Büro, ja sogar an der Bushaltestelle,
nur über Aktien gesprochen,
dann ist der Börsenkrach nicht mehr weit.
ANDRÉ KOSTOLANY

Börse = Geld + Psychologie
ANDRÉ KOSTOLANY

Wer nicht fähig ist, sich selber eine Meinung zu bilden
und eine Entscheidung zu treffen, darf nicht zur Börse.
ANDRÉ KOSTOLANY

Ich glaube, dass es für eine Minderheit von Investoren möglich
ist, bessere Ergebnisse zu erzielen als der Durchschnitt.
Unter zwei Voraussetzungen:
Erstens müssen sie ihre Auswahlkriterien auf den wahren Wert
der Papiere konzentrieren, statt auf den aktuellen Marktpreis.
Zweitens müssen sie grundlegend andere Geschäftsmethoden
anwenden als die meisten Käufer von Wertpapieren.
Sie stellen eine eigene Kategorie dar,
die sich von der allgemeinen Öffentlichkeit fernhalten sollte.

BENJAMIN GRAHAM

Manchmal ist an der Börse ein zweideutiger Rat besser
als ein eindeutiger und klarer.

ANDRÉ KOSTOLANY

Der Monat Oktober ist ein besonders
gefährlicher zum Spekulieren,
die anderen sind Juli, Januar, September, April, November,
Mai, März, Juni, Dezember, August und Februar.

MARK TWAIN

Eine freundliche Stimmung an der Börse
sollte nicht zu voreiligen Schlüssen führen.
So manch einer, der rosig aussieht,
hat auch nur hohen Blutdruck.

T. RAHN

Das Geheimnis des Börsengeschäfts liegt darin,
zu erkennen, was der Durchschnittsbürger glaubt,
dass der Durchschnittsbürger tut.

JOHN MAYNARD KEYNES

Ohne Erfahrung an der Börse ist es schwer,
gute Nerven zu haben.

ANDRÉ KOSTOLANY

Nur der kann Börsenprobleme verstehen,
der sie schon selber in eigener Erfahrung erlebt hat.

ANDRÉ KOSTOLANY

STEIGENDE &
FALLENDE KURSE

Sie fühlen sich gut, wenn Ihre Aktie steigt,
und schlecht, wenn sie fällt.
Ich fühle mich gut,
wenn der Kurs meiner Aktien nach unten geht,
weil ich dann noch mehr kaufen kann.

WARREN BUFFETT

Aktienkurse richten sich nach der Formel:
Hoffnung geteilt durch Angst minus Gier.
DOMINIC LAWSON

Die gängigste Ursache niedriger Aktienkurse ist Pessimismus –
manchmal durchgängig, manchmal
auf bestimmte Unternehmen oder Branchen bezogen. In einem
solchen Umfeld wollen wir unsere Geschäfte machen,
aber nicht weil uns Pessimismus gefällt,
sondern weil uns die Preise gefallen, die er hervorruft.
Optimismus ist der Feind des rationalen Käufers.
WARREN BUFFETT

Das Wort „Krise" besteht im Chinesischen
aus zwei Schriftzeichen:
Das erste ist das für Gefahr
und das zweite das für eine Chance.
UNBEKANNT

Ob Hausse oder Baisse: Man schwört ihnen nicht ewige Treue.
Man bemüht sich vielmehr, das Richtige zu tun.
LARRY LIVINGSTON IN „JESSE LIVERMORE – DAS SPIEL DER SPIELE"

Wer billig gibt und teuer kauft,
der hat am Markt bald ausgeschnauft.
BÖRSENWEISHEIT

Dass der Kurs steigt, heißt noch nicht, dass man recht hat.
Dass er fällt, heißt noch nicht, dass man sich irrt.
Aktienkurse bewegen sich häufig in
die entgegengesetzte Richtung der Fundamentaldaten,
aber langfristig setzen sich Richtung
und Dauerhaftigkeit der Gewinne durch.
PETER LYNCH

Natürlich gibt es immer einen Grund für Schwankungen, aber
der Kurs beschäftigt sich nicht mit dem wieso und weshalb.
JESSE LIVERMORE

Märkte gehen nicht geradlinig nach unten.
Sie fallen steil ab, werden überverkauft,
erholen sich wieder und fallen dann wieder.
BYRON WEIN

Eine der Tendenzen, die wir gefunden haben,
besteht darin, dass die Fondsmanager mit der besten
langfristigen Performance tendenziell diejenigen sind,
die am wenigsten Zeit mit Diskussionen darüber verbringen,
in welche Richtung der Markt wohl geht.
DON PHILIPS

Versuchen Sie nie, beim Höchststand der Kurse zu verkaufen.
Das ist nicht klug. Verkaufen Sie erst nach einer Gegenreaktion
des Marktes, wenn sich der Wert danach nicht erholt.
LARRY LIVINGSTON IN „JESSE LIVERMORE – DAS SPIEL DER SPIELE"

Die einfache ökonomische Theorie besagt,
dass die Nachfrage sinkt, wenn die Preise steigen.
Aber im Fall spekulativer Märkte
scheint das Gegenteil zuzutreffen.
MARC FABER

Kurssturz: Wertpapier auf dem Weg zu seinem Papierwert.
RON KRITZFELD

Anleger haben an der Börse Milliarden verloren –
man nennt Aktien deshalb bereits die Expo des kleinen Mannes.
HARALD SCHMIDT

Die Zeit des größten Pessimismus ist die beste Zeit des Kaufens,
die Zeit des größten Optimismus ist die beste Zeit zu verkaufen!
JOHN TEMPLETON

Ich kann zwar die Bahn der Gestirne
auf Zentimeter und Sekunden berechnen,
aber nicht, wohin eine verrückte Menge einen Börsenkurs treibt.
SIR ISAAC NEWTON

Die Börse ist wie ein Paternoster.
Es ist ungefährlich durch den Keller zu fahren.
Man muss nur die Nerven behalten.
JOHN KENNETH GALBRAITH

Wer am wenigsten verliert, wird am meisten gewinnen.
MARTIN KEPPLER

Kaufe nicht, wenn der Kurs am niedrigsten ist, verkaufe nicht,
wenn der Kurs am höchsten ist, das können nur Lügner.
BERNARD BARUCH

Fragt der Sohn:
Was ist der Unterschied zwischen einer Hausse und einer Baisse?
Antwortet der Vater:
Eine Hausse ist Champagner und Lachs,
ein neues Auto und eine hübsche Frau.
Eine Baisse ist Bier und Bratwurst,
der alte Ford und deine Mutter.
UNBEKANNT

Bei Pessimismus kaufen.
Der Pessimismus ist die häufigste Ursache
für niedrige Börsenkurse;
je größer der Pessimismus, desto niedriger die Kurse.
Nutzen Sie diese Gelegenheit zum Kauf!
GOTTFRIED HELLER

Alles ist vergänglich. Nichts ist von Dauer,
weder eine Hausse noch eine Baisse.
Als Faustregel gilt: Eine Hausse dauert etwa
dreimal länger als eine Baisse.
Vergeuden Sie nicht ihre Zeit mit Timing,
sondern nutzen Sie Baissen für Käufe.
GOTTFRIED HELLER

Nach der Baisse ist vor der Hausse.
THOMAS MÜLLER

Eine Hausse wird geboren im Pessimismus.
Sie wächst in der Skepsis.
Sie altert im Optimismus
und sie stirbt in der Euphorie.
ALTE BÖRSENWEISHEIT

Eine Aufwärts- oder Abwärtsbewegung an der Börse gipfelt
nicht in einem einzigen, plötzlichen, grandiosen Höhepunkt,
und sie endet auch nicht mit einem plötzlichen Umschwung.
Ein Markt ist häufig schon lange kein Bullen-Markt mehr,
bevor die Kurse auf breiter Front abzubröckeln beginnen.
LARRY LIVINGSTON IN „JESSE LIVERMORE – DAS SPIEL DER SPIELE"

Die allerbeste Laune der Börse
wird Hausse genannt.
WILLI H. GRÜN

Der Kurs unserer Aktie ist zuletzt so stark gestiegen,
weil sich die Gerüchte am Markt verdichtet haben, dass sich
unsere Gesellschaft einen Internetanschluss zulegen wird.

UNBEKANNT

Die Preise reagieren auf Neuigkeiten, auf Überraschungen.
Aber Überraschungen sind unvorhersehbare Ereignisse
wie der Wurf einer Münze oder das Gewitter im nächsten
Monat, deren künftiger Verlauf nicht absehbar sind.
Weil sich die Börsenkurse als Reaktion auf erratische Ereignisse
entwickeln, ist auch der Verlauf der Börsenkurse selbst erratisch
– wie ein Random Walk.

PAUL SAMUELSON

Für die Kursentwicklung ist es nicht wichtig,
was heute geschieht,
sondern was sich morgen und übermorgen ereignen wird.
Denn was heute geschieht, ist in den Kursen bereits enthalten.

ANDRÉ KOSTOLANY

Man kann nie zum falschen Zeitpunkt kaufen,
höchstens zum falschen Zeitpunkt verkaufen!

UNBEKANNT

Ein Kurs kann auch auf Null fallen

LARRY LIVINGSTON IN „JESSE LIVERMORE – DAS SPIEL DER SPIELE"

Vor dem Boom und nach dem Krach herrscht große Stille,
was sich dazwischen abspielt,
ist nur hysterischer Lärm ohne viel Verstand.
ANDRÉ KOSTOLANY

Eine alte Börsenweisheit:
Können die Kurse nicht weiter steigen, müssen sie fallen.
Ich denke nicht darüber nach,
ob ein Markt nach oben oder nach unten geht.
Ich kümmere mich nur darum,
ob ich ein Unternehmen zu einem akzeptablen Preis
kaufen kann.
Ich sehe mich nicht als Teil eines Bullenmarkts,
sondern als Teilhaber an wunderbaren Firmen.
Ich muss zu einem Preis kaufen,
der mich glücklich macht.
WARREN BUFFETT

Die Bären-Seite war für mich nicht mehr und nicht weniger
attraktiv als die Bullen-Seite – und umgekehrt.
Nur gegen eins hatte ich eine äußerst große Abneigung:
Falsch zu liegen.
LARRY LIVINGSTON IN „JESSE LIVERMORE – DAS SPIEL DER SPIELE"

Steigt eine Aktie, wird man zum Spekulanten,
fällt sie, wird man zum Anleger.
UNBEKANNT

Wenn Sie wollen, dass Ihre Aktien steigen,
brauchen Sie sie nur zu verkaufen.
UNBEKANNT

Ich habe oft gesagt, dass der Kauf in einem steigenden Markt
die angenehmste Art ist, Aktien zu kaufen.
JESSE LIVERMORE

Hat man Papiere, so zittert man, sie könnten fallen;
hat man keine, so zittert man, sie könnten steigen.
ANDRÉ KOSTOLANY

Nur weil eine Aktie fällt, heißt das noch nicht,
dass sie nicht noch weiter fallen kann.
PETER LYNCH

Ich denke nie darüber nach, was die Börse machen wird.
Ich weiß nicht, wie man die Börse oder die Zinsen
oder die Konjunktur vorhersagen kann
und ich habe keine Ahnung,
ob die Börse in zwei Jahren höher oder tiefer stehen wird.
WARREN BUFFETT

Steigt die Börse, kommt das Publikum,
fällt die Börse, geht das Publikum.
ANDRÉ KOSTOLANY

Haussen steigen den Menschen zu Kopf.
Wenn man eine Ente im Teich ist und der Teich wegen eines
Regengusses steigt, dann steigt man in der Welt höher hinauf.
Aber man meint, das läge an einem selbst und nicht am Teich.

CHARLIE MUNGER

Nicht die Nachrichten machen die Kurse,
sondern die Kurse machen die Nachrichten.

JESSE LIVERMORE

Nicht mit der Masse gehen.
Wer in die Fußstapfen anderer tritt, kann diese nicht überholen.
Das können Sie nur, wenn Sie eigene Wege gehen.
Kaufen Sie, wenn die Mehrheit verkauft und umgekehrt.

GOTTFRIED HELLER

Steigen die Kurse rasant an, kaufen die Dummköpfe,
ich nenne sie die schwachen Hände, dann muss man verkaufen.
Fällt die Börse in sich zusammen, dann muss man kaufen,
weil die Dummköpfe auf der Verkäuferseite stehen.
Nicht wegen der eigenen Klugheit, sondern an der Dummheit
der anderen verdient der erfolgreiche Börsianer.

ANDRÉ KOSTOLANY

Versuchen Sie nie, bei Kurstiefs zu kaufen
und bei Kurshochs zu verkaufen.

BERNARD BARUCH

Börsengurus empfehlen oft genau die Aktien,
die sie selbst zu einem günstigen Kurs loswerden wollen!
ANDRÉ KOSTOLANY

Der Kursanstieg war so sicher, so logisch,
dass ich glaubte, dass es gar nicht anders ging,
als einige Millionen Dollar zu verdienen.
Aber ich verdiente sie eben nicht.
LARRY LIVINGSTON IN „JESSE LIVERMORE – DAS SPIEL DER SPIELE"

Ob Long, ob Short, das Geld ist fort.
UNBEKANNT

Wirtschaft, Staat & die Regierung

Man legt sich sehr beruhigt ins Bett,
wenn man daran denkt,
dass zweieinhalb Milliarden Männern Haare wachsen,
während man schläft.
Bei Gillette schläft niemand schlecht.

Warren Buffett

Man vergisst es manchmal leicht,
aber eine Aktie ist kein Lottoschein.
Sie ist ein Besitzanteil an einem Unternehmen.
PETER LYNCH

Wenn man mir 100 Milliarden Dollar geben und
mir sagen würde, ich solle Coca-Cola
die Softdrink-Marktführerschaft abnehmen,
dann würde ich sie zurückgeben und sagen,
dass das nicht geht.
WARREN BUFFETT

Es gab mir ein gutes Gefühl, als ich sah, dass die Zentrale
von Taco Bell hinter einer Bowlingbahn versteckt war.
Als ich sah, dass die Führungskräfte von diesem düsteren
Bunker aus arbeiteten, war ich begeistert.
Offenbar verschwenden sie kein Geld auf die
Gestaltung ihrer Büros.
PETER LYNCH

Ich suche nach Unternehmen, bei denen ich glaube,
dass ich abschätzen kann, wie sie in 10 oder 15 Jahren aussehen.
Nehmen Sie Wrigley's Kaugummis.
Ich glaube nicht, dass das Internet etwas daran ändert,
dass die Menschen Kaugummi kaufen.

WARREN BUFFETT

Wenn Sie Unterhaltung haben wollen,
machen Sie Fallschirmspringen.
Es besteht eine umgekehrte Korrelation zwischen
dem Unterhaltungswert einer Investition
und dem erwarteten Ertrag.

BILL BERNSTEIN

Wenn ich lese, dass ein Unternehmen ein Programm
zur Kostensenkung in Angriff nimmt, weiß ich,
dass dieses Unternehmen nicht wirklich weiß,
worum es bei Kosten geht. Ein wirklich guter Manager
wacht nicht eines Morgens auf und sagt sich:
„Heute ist der Tag, an dem ich Kosten senke",
genauso wenig wie er aufwacht und beschließt,
dass er aufhört zu atmen.

WARREN BUFFETT

Ich glaube, viele Menschen dachten am Anfang,
das „e" in „e-Business" sei wichtiger als das „Business".

MICHAEL DELL

An der Wall Street scheint es
ein ungeschriebenes Gesetz zu geben:
Wenn du ein Unternehmen nicht verstehst,
stecke deine gesamten Ersparnisse hinein.
Hüte dich vor dem Unternehmen um die Ecke,
das du wenigstens beobachten könntest,
und such dir eins, das ein unverständliches
Produkt herstellt.
PETER LYNCH

Ein Staatshaushalt ist ein Haushalt,
in dem alle essen möchten,
aber niemand Geschirr spülen will.
WERNER FINCK

Die drei bekanntesten Generäle in Amerika sind immer noch
General Motors, General Electric und General Food.
BOB HOPE

Der Staatshaushalt muss ausgeglichen sein,
der Staatsschatz sollte aufgefüllt werden.
Die öffentlichen Schulden müssen verringert werden.
Die Arroganz der Behörden muss gemäßigt
und kontrolliert werden.
Die Leute sollen wieder lernen zu arbeiten
anstatt auf öffentliche Rechnung zu leben.
CICERO, 55 V. CHR.

Aus irgendeinem Grund ziehen die Menschen
ihre Schlüsse eher aus Preisbewegungen als aus dem Wert.
Der Preis ist das, was man bezahlt.
Der Wert ist das, was man bekommt.
WARREN BUFFETT

Auf die Nationalökonomen kann man sich verlassen:
Sie kennen immer die richtigen Lösungen
für die Wirtschaftsprobleme der vergangenen Jahre.
UNBEKANNT

Mit den heutigen Gesetzen und Verordnungen
hätte es das Wirtschaftswunder nie gegeben.
HEINRICH WEISS

Der Unterschied zwischen Finanz- und Wirtschaftswissenschaft:
Wenn ein Ehemann einen Haushaltsplan aufstellt,
dann ist das Wirtschaft.
Wenn eine Ehefrau Geld ausgibt, sind es Finanzen.
UNBEKANNT

Die größte Spekulation der Welt wäre es,
einen Politiker zu dem Wert einzukaufen, den er hat,
und ihn zu dem Wert zu verkaufen,
den er sich selbst einräumt.
ANDRE KOSTOLANY

Geben Sie mir eine gute Regierung,
und wir haben eine gute Börse.
HERMANN JOSEF

Die Märkte sind amoralisch.
GEORGE SOROS

Der Markt ist besser als der Staat.
LUDWIG ERHARD

Politische Börsen haben kurze Beine.
UNBEKANNT

Die Wirtschaft kann man nicht lehren,
man muss sie selber erleben und überleben.
ANDRÉ KOSTOLANY

Eine Sache, welche vielen gehört, wird schlechter verwaltet
als eine Sache, die einem Einzelnen gehört.
ARISTOTELES

Je mehr eine Regierung eine eventuelle Maßnahme dementiert,
um so sicherer wird sie später beschlossen.
ANDRÉ KOSTOLANY

Die deutsche Wirtschaft
ist im Grunde leistungsstark wie ein Riese.
Aber sie liegt wie Gulliver eingeschnürt am Boden,
gefesselt von tausenden von Normen,
Richtlinien, Verordnungen, Auflagen, Abgaben,
Steuern, Geboten oder Regulierungen.
HERMANN OTTO SOLMS

Die Wirtschaftswissenschaftler
hat der Herrgott in die Welt gesetzt,
damit die Astrologen besser dastehen.
UNBEKANNT

Wenn die Regierung das Geld verschlechtert,
um alle Gläubiger zu betrügen,
so gibt man diesem Verfahren den höflichen Namen Inflation.
GEORGE BERNARD SHAW

Die Tragik des 20. Jahrhunderts liegt darin,
dass es nicht möglich war,
die Theorien von Karl Marx zuerst an Mäusen auszuprobieren.
STANISLAW LEM

Die Wirtschaftswissenschaft ist das einzige Fach,
in dem jedes Jahr auf dieselben Fragen
andere Antworten richtig sind.
DANNY KAYE

Sozialismus:
Du besitzt zwei Kühe.
Eine Kuh musst du deinem Nachbarn abgeben.
Kommunismus:
Du besitzt zwei Kühe.
Die Regierung nimmt dir beide weg und verkauft dir die Milch.
Liberalismus:
Du besitzt zwei Kühe.
Die Regierung nimmt dir beide weg und schenkt dir die Milch.
Nationalsozialismus:
Du besitzt zwei Kühe.
Die Regierung nimmt dir beide weg und erschießt dich.
Bürokratismus:
Du besitzt zwei Kühe.
Die Regierung nimmt dir beide weg und schlachtet eine Kuh ab.
Die andere wird gemolken und die Milch vernichtet.
Kapitalismus:
Du besitzt zwei Kühe.
Du verkaufst eine und kaufst dafür einen Bullen
VON DER LANDWIRTSCHAFTSKAMMER

Inflationen sind wie Diktaturen.
Wenn sie erst einmal an der Macht sind,
wird es um so schwieriger, gegen sie anzukämpfen.
HERMANN JOSEF ABS

Wenn ein Hauptschüler eine Steuer nicht versteht,
dann hat man das falsche Steuersystem.
FRANK STRONACH

Mit der Sicherheit einer Währung verhält es sich
ähnlich wie mit der Treue einer Frau:
Wenn man sie extra betonen muss, ist sie schon zweifelhaft.

ANDRÉ KOSTOLANY

Amerikanische Politiker stehen der Inflation
mit einer Hassliebe gegenüber.
Sie hassen die Inflation, aber sie lieben alles,
was sie verursacht.

JOHN DAVIDSON ROCKEFELLER JR.

Auf dem Weg zum Erfolg ist, wer begriffen hat,
dass Verluste und Rückschläge nur Umwege sind.

C. W. WENDTE

Wenn man diszipliniert arbeitet, sind Verluste keine Fehler.
Sie sind Teil des ganzen Systems.

MARTIN ESTLANDER

Jeden Tag gibt der deutsche Durchschnittshaushalt
23 Pfennig für den Kauf von Bananen aus,
aber nur 4 Pfennig für den Ankauf von Aktien.

UNBEKANNT

Aus Fehlern lernt man mehr als aus Erfolgen.

PRIMO LEVI

Mit genug Insider-Informationen und einer Million Dollar
kann man schon nach einem Jahr ruiniert sein.

WARREN BUFFETT

Das Defizit ist wie eine Rolltreppe.
Gleichgültig, was für ein Budget ein Parlament beschließt,
die Staatsschulden bewegen sich automatisch nach oben.

JOHN DAVIDSON ROCKEFELLER JR.

Wenn es im Jahre 1879 schon Computer gegeben hätte,
würden diese vorausgesagt haben,
dass man infolge der Zunahme der Pferdewagen
im Jahre 1979 im Pferdemist ersticken würde.

JOHN C. EDWARDS

Kein Unternehmen kann so schwach sein, dass es durch
ein gutes Management nicht wiederbelebt werden könnte.
Kein Unternehmen kann so stark sein, dass es durch
ein schwaches Management nicht zerstört werden könnte.

WALLENBERG

Wir machen uns bei der Suche nach Unternehmen,
die wir übernehmen könnten, die gleiche Einstellung zu eigen,
die man bei der Suche nach einem Ehepartner wohl
angemessen finden würde: Es lohnt sich, aktiv, interessiert
und offen zu sein, aber Eile lohnt sich nicht.

WARREN BUFFETT

Ein Experte ist ein Mann, der hinterher genau sagen kann,
warum seine Prognose nicht gestimmt hat.
WINSTON CHURCHILL

Staatsanleihen sind nicht durch reale Sachwerte unterlegt,
sondern nur durch das Regierungsversprechen,
aus künftigen Steuereinnahmen zu bezahlen.
ALAN GREENSPAN

Staatsverschuldung ist einfach ein Mechanismus
für die versteckte Enteignung von Vermögen.
ALAN GREENSPAN

Wenn die Erzeugung von Geld (Ansprüchen) im Verhältniss
zur Erzeugung von realen Gütern in der Wirtschaft zunimmt,
müssen die Preise früher oder später steigen.
ALAN GREENSPAN

Die erste Generation verdient das Geld,
die zweite verwaltet das Vermögen,
die dritte studiert Kunstgeschichte und
die vierte verkommt vollends.
UNBEKANNT

Globalisierung ist dann ein Problem,
wenn Manager ihre Gehälter
mit denen in den USA vergleichen,
aber das ihrer Mitarbeiter
an Tschechien ausrichten und
für die Arbeiter das Gehaltsniveau
von Vietnam nehmen.

INGO REICHARDT

Betriebswirte, Wirtschaftsingenieure, Volkswirte und
andere Experten sollten der Börse fernbleiben.
Sie ist für die eine gefährliche Falle, die sich
ihr mit wissenschaftlichen Methoden annähern wollen.
Ich kann für sie nur Dante zitieren:
Lasset, die ihr eingeht, alle Hoffnung schwinden!

ANDRÉ KOSTOLANY

Gleichheit wird es erst geben,
wenn in den Vorständen auch unfähige Frauen sitzen.

LAILA DAVOY

Inflation ist, wenn die Brieftaschen immer größer
und die Einkaufstaschen immer kleiner werden.

UNBEKANNT

Früher wurde die Welt mit Feuer und Schwert erobert, heute
erobert man sie am schnellsten mit Warentermingeschäften.
Die Chance zum Siegen und Verlieren ist dabei so
ziemlich gleich geblieben.

CHRISTA SCHYBOLL

Es nützt nichts, in der Wirtschaft die Wahrheit zu verkünden
oder sogar nützliche Dinge zu empfehlen.
Das ist die beste Art, sich Feinde zu schaffen.

ANDRÉ KOSTOLANY

Es gibt keinen guten Finanzminister,
nur einen schlechten oder einen noch schlechteren.
Die Märkte können länger irrational bleiben, als du solvent.

JOHN MAYNARD KEYNES

In jeder Hochkonjunktur und ganz besonders in der
euphorischen Hochkonjunktur der Inflation (des leichtes Geldes)
muss man am Anfang rührig sein,
dann klug und zum Schluss weise.

ANDRÉ KOSTOLANY

Ein Steuerzahler ist einer, der für die Regierung arbeitet,
ohne einen Fähigkeitsnachweis erbringen zu müssen.

RONALD REAGAN

In der Tat birgt die Entwicklung des Spekulationsverhaltens
eine höchst spezifische Eigendynamik,
die notgedrungen auf den Absturz hinausläuft.
JOHN KENNETH GALBRAITH

Bankraub ist eine Initiative von Dilettanten.
Wahre Profis gründen eine Bank.
BERTOLD BRECHT

Krieg, Kriegsgefahr oder Frieden, Revolution oder soziale Ruhe,
Außen- und Innenpolitik und eine Unzahl anderer Elemente
gehören ebenso zum Datenmaterial eines Spekulanten wie die
sachlichen Informationen. Vielleicht sogar noch mehr.
Hier hört die Wissenschaft auf und es beginnt die Intuition.
Und Intuition ist das Produkt der Erfahrung von Jahrzehnten.
ANDRÉ KOSTOLANY

Man soll seine Steuern dem Staat zahlen,
wie man seiner Geliebten einen Blumenstrauß schenkt.
NOVALIS

Staatsbankrott? Bankenkrisen?
Darauf gibt es nur eine Antwort:
Viel Lärm um nichts!
ANDRÉ KOSTOLANY

Soziale Gerechtigkeit bedeutet,
dass die Armen Groschen hinterziehen
und die Reichen Millionen.
EPHRAIM KISHON

Tankwarte sind unbezahlte Steuereinnehmer,
die uns Rabatt in Form von Benzin bewilligen.
HEINZ RÜHMANN

Die Unkenntnis der Steuergesetze befreit
nicht von der Pflicht zum Steuern zahlen.
Die Kenntnis aber häufig.
AMSCHEL MEYER ROTHSCHILD

Wem der Staat auch zuprostet – der Geehrte zahlt die Getränke.
HANS KASPER

Ich habe Schwierigkeiten, mein Nettoeinkommen mit meinen
Brutto-Gewohnheiten in Einklang zu bringen.
EROLL FLYNN

Wer die Pflicht hat, Steuern zu zahlen, hat das Recht,
Steuern zu sparen!
URTEIL DES BUNDESGERICHTSHOFES 1965

Das Schöne am Steuernzahlen ist: Es macht nicht süchtig.

UNBEKANNT

Rezession ist eine Zeit, in der wir auf Dinge verzichten müssen,
die unsere Großeltern nicht einmal kannten.

FINANCIAL TIMES

Es wird in Deutschland sicher keinen Bill Gates geben,
denn wenn Sie in Ihrer Garage einen Computer entwerfen und
fertigen wollen, dann müssen Sie eine Toilette einbauen.

JEAN RIES

In Deutschland ist jede gute Bilanz besser als sie aussieht –
und jede schlechte Bilanz schlimmer als sie sich gibt.

BRUNO ADELT

Baissen treten aus einem einfachen Grund auf:
Die Besitzer der Ware bekommen nicht den gewünschten Preis.
Die Knappheit an Käufern zwingt sie,
ihre Artikel immer billiger anzubieten,
bis sich ein Käufer breitschlagen lässt.
Im Einzelhandel kommt das regelmäßig vor.
Die Läden erleben nach jedem
weihnachtlichen Ansturm eine Baisse.

JOHN ROTHSCHILD

Böse Baissen passieren alle sechseinhalb Jahre.
Kleinere Rückschläge von zehn Prozent,
die man ‚Korrektur' nennt, passieren so etwa alle zwei Jahre.
Zusammengenommen haben diese
kleineren und größeren Rückschläge
in 33 der vergangenen 100 Jahre für Verluste gesorgt
und die Anleger während
eines Drittels der Zeit unglücklich gemacht.

JOHN ROTHSCHILD

Die Inflation ist der periodisch wiederkehrende Beweis für die
Tatsache, dass bedrucktes Papier bedrucktes Papier ist.

HELMAR NAHR

Beim Steuersparen setzt beim Deutschen der Verstand aus.

ROMAN HERZOG

Nach dem berühmten Crash trafen sich Professoren aus aller
Welt in Washington zu einem Symposium und äußerten
die düstersten, fast dramatischen Voraussagen für die Weltwirt-
schaft. Prompt schrieb ich darauf:
Professoren, o schöne Welt, du bist verloren! Und was geschah?
Genau das Gegenteil ihrer blauäugigen Prophezeiungen.
Ich habe nichts gegen Professoren, aber für Prognosen in der
Wirtschaft und an der Börse taugen sie nicht.

ANDRÉ KOSTOLANY

GEDANKEN
NICHT NUR ÜBER DIE BÖRSE

Wenn niemand je Risiken eingehen würde,
hätte Michelangelo den Boden der Sixtinischen Kapelle bemalt.
NEIL SIMON

Wichtig ist nicht, ob man recht hat oder sich irrt,
sondern wie viel Geld man verdient, wenn man recht hat, und
wie viel man verliert, wenn man sich irrt.
GEORGE SOROS

Das äußerste Risiko ist, kein Risiko einzugehen.
SIR JAMES GOLDSMITH

Die beste Zeit, einen Baum zu pflanzen, war vor 20 Jahren.
Die zweitbeste Zeit ist jetzt.
UNBEKANNT

Ich versuche nicht, über eine 2-Meter-Latte zu springen.
Ich schaue mich nach 30-Zentimeter-Latten um,
über die ich einfach einen Schritt machen kann.
WARREN BUFFETT

Sobald bei einem schwierigen Unternehmen
ein Problem gelöst ist, taucht das nächste auf –
in der Küche ist niemals nur eine Küchenschabe.
WARREN BUFFETT

Ben Graham ging es nicht um glänzende Investments und nicht
um Moden oder Marotten. Ihm ging es um solide Geldanlage
und ich glaube, dass eine solide Geldanlage reich machen kann,
wenn man es nicht zu eilig hat.
Und was noch besser ist, sie macht einen niemals arm.
WARREN BUFFETT

Nicht immer gewinnt der Schnelle das Rennen
oder der Starke den Kampf, aber so muss man wetten.
DAMON RUNYON

Insiderinformationen haben etwas an sich, das anscheinend
das vernünftige Denkvermögen des Menschen lähmt.
BERNARD BARUCH

Die Wall-Street-Profis wissen, dass das Handeln
nach „Insidertipps" einen Menschen schneller ruiniert
als Hungersnöte, Seuchen, Missernten, politische Neuordnungen
oder so genannte normale Zwischenfälle.
EDWIN LEFEVRE

Die Risiken im normalen Geschäftsleben sind nicht größer
als die, die man eingeht, wenn man sein Haus verlässt,
auf der Straße geht oder mit dem Zug verreist.
LARRY LIVINGSTON IN „JESSE LIVERMORE – DAS SPIEL DER SPIELE"

Gewinnen tut man nicht nur durch das Tun sondern
auch durch das Unterlassen.

UNBEKANNT

Wozu die Stecknadel im Heuhaufen suchen?
Kaufen Sie doch den Heuhaufen!

JOHN BOGLE

Wenn man 100 Menschen vor einer möglichen schlechten
Nachricht warnt, mögen einen 80 davon sofort nicht mehr.
Und wenn man das Pech hat, recht zu haben,
die anderen 20 auch nicht.

ANTHONY GAUBIS

Sich über die Börse zu ärgern, weil sie sich unerwartet
– oder sogar unlogischerweise –
genau gegenläufig zur eigenen Einschätzung verhielt,
könnte man mit Ärger über die eigenen Beine vergleichen,
über die man gestolpert ist.

LARRY LIVINGSTON IN „JESSE LIVERMORE – DAS SPIEL DER SPIELE"

Wenn der Fed-Vorsitzende Alan Greenspan mir flüstern würde,
wie seine Währungspolitik in den nächsten zwei Jahren aussieht,
würde es das, was ich tue, kein bisschen ändern.

WARREN BUFFETT

Verkaufe Dein Pferd, bevor es stirbt. Die Lebenskunst heißt:
Weg mit dem Verlust.

ROBERT FROST

Lesen Sie Ben Graham, lesen Sie Phil Fisher und lesen Sie
Jahresberichte, aber befassen Sie sich nicht mit den Gleichungen,
in denen griechische Buchstaben vorkommen.

WARREN BUFFETT

Mein ganzes Leben lang habe ich Fehler gemacht,
aber im Verlieren von Geld habe ich Erfahrungen gewonnen
und viele wertvolle „Tu-das-ja-nicht" gesammelt.

JESSE LIVERMORE

20 Jahre in diesem Geschäft bringen mich zu der Überzeugung,
dass jeder normale Mensch, der die üblichen drei Prozent seines
Gehirns benutzt, genauso gut oder noch besser Aktien auswählen
kann wie der durchschnittliche Experte von der Wall Street.

PETER LYNCH

Wenn man einen Finanzberater hat, kann man als Anleger
eine psychologische Call-Option ausüben.
Wenn die Anlageentscheidung klappt,
nimmt man sie für sich in Anspruch,
und wenn sie misslingt, kann man das Bedauern vermindern,
indem man die Schuld auf den Berater schiebt.

HERSH SHEFRIN

Wenn der normale Manager eines Investmentfonds, eines
Pensionsfonds oder eines Unternehmensportfolios die Wahl
zwischen der Chance hat, mit einem unbekannten Unternehmen
ungewöhnlich viel Gewinn zu erzielen und der Chance, mit
einem etablierten Unternehmen ein bisschen Gewinn zu erzielen,
ergreift er Letztere. Erfolg ist die eine Sache, aber wichtiger ist
es, nicht schlecht auszusehen, wenn man scheitert.

PETER LYNCH

Ist jemand klug und hat auch noch Glück,
wird er gleichen Fehler nicht zweimal machen –
aber er wird einen anderen der zigtausend Fehler machen,
die mit diesem verwandt sind,
denn die Fehler-Familie ist unglaublich groß.

JESSE LIVERMORE

Ich tue das Gegenteil dessen, was mir mein Gefühl sagt –
wenn ich Bauchschmerzen bekomme, ist es Zeit zu kaufen.
Wenn ich mich großartig fühle, ist es Zeit zu verkaufen.

ELAINE GAZARELLI

Die Entscheidung für reine Anlagephilosophie ist wie die Wahl
eines Ehepartners. Will man jemanden, der flatterhaft,
romantisch und emotional ist, oder will man jemanden, der
beständig, vertrauenswürdig und bodenständig ist?
Wenn man eine erfolgreiche Anlegerkarriere machen will, sollte
man sich an einen Stil binden, mit dem man leben kann.

RALPH WANGER

Vorstandsvorsitzende können gegen ihren biologischen
Fusionstrieb offenbar genauso wenig machen
wie Hunde gegen den Trieb, Kaninchen zu jagen.
PHILIP COGGAN

Das Großgedruckte gibt und das Kleingedruckte nimmt.
BISCHOF FULTON J. SHEEN

Es dauert 20 Jahre, sich eine Reputation aufzubauen und
fünf Minuten, sie zu ruinieren.
Wenn man daran denkt, handelt man anders.
WARREN BUFFETT

Es gab Zeiten, da waren meine Hosen so dünn,
dass ich mich auf ein Geldstück setzen und sagen konnte,
ob es Kopf oder Zahl war.
SPENCER TRACY

Der einzige Platz, an dem der Erfolg vor der Mühe kommt,
ist das Wörterbuch.
VIDAL SASSOON

Glück ist die Dividende des Schweißes.
Je mehr man schwitzt, desto mehr Glück hat man.
RAY KROC

Ein Mann ist nicht besiegt, wenn er unterliegt.
Er ist besiegt, wenn er aufgibt.
RICHARD NIXON

Wie es mir geht, wollen Sie wissen?
Das darf ich Ihnen als Notenbanker nicht sagen.
ALAN GREENSPAN

Ein mutiger Mann ergreift mehr Chancen,
als sich ihm bieten.
BENJAMIN FRANKLIN

Wichtig ist, dass Sie öfter recht haben, als sich zu irren.
Wenn Sie recht haben, sollten Sie sehr recht haben,
wenigstens von Zeit zu Zeit. Und wenn Sie sich irren,
dann sollten Sie das erkennen, bevor Sie sich sehr irren !
JOHN TEMPLETON

Wenn man nicht weiß, wie man aus einer Gefahr herauskommt,
ist es ein Wahnsinn, sich hineinzubegeben.
JOSÉ DE LA VEGA

Man sollte eigentlich niemals die gleiche Dummheit zweimal
machen, denn die Auswahl ist ja groß genug.
THEODOR GOTTLIEB VON HIPPEL

Statt zu klagen, dass wir nicht alles haben, was wir wollen,
sollten wir lieber dankbar sein, dass wir nicht alles bekommen,
was wir verdienen.
DIETER HILDEBRANDT

Es gibt auf der Welt nur zwei Tragödien.
Die eine ist, dass man nicht bekommt, was man sich wünscht,
und die zweite, dass man es bekommt.
OSCAR WILDE

Wir sind nicht nur verantwortlich für das, was wir tun,
sondern auch für das, was wir nicht tun.
MOLIÈRE

Menschen mit einer neuen Idee gelten so lange als Spinner,
bis sich die Sache durchgesetzt hat.
MARK TWAIN

Wer heute den Kopf in den Sand steckt,
wird morgen mit den Zähnen knirschen.
FRANZ FISCHER

Kraft kommt nicht von körperlichen Fähigkeiten,
sie entspringt einem unbeugsamen Willen.
MAHATMA GANDI

Setzen Sie beim Pferderennen nach Gefühl,
oder verlieren Sie Ihr Geld wissenschaftlich?
FRANK SINATRA

Es gehört oft mehr Mut dazu, seine Meinung zu ändern,
als ihr treu zu bleiben.
FRIEDRICH HEBEL

Wenn ein Bankier auf einen Vorschlag nein sagt,
meint er vielleicht, sagt er vielleicht, meint er ja,
sagt er aber spontan ja, dann ist er kein guter Bankier.
ANDRÉ KOSTOLANY

In den meisten Kinderzimmern findet man
heute schon eine bessere Computerausstattung
als in den Back Offices der Banken.
HANS AMBROS

Ein Bankier ist ein Kerl, der Ihnen bei schönem Wetter einen
Regenschirm leiht und ihn zurückverlangt, sobald es regnet.
MARK TWAIN

Sie müssen wissen, wenn Sie schief liegen.
Dann müssen Sie verkaufen.
PETER LYNCH

Es gibt nichts, was so verheerend ist,
wie ein rationales Anlageverhalten in einer irrationalen Welt.
JOHN MAYNARD KEYNES

Ich habe mit vielen Schafen gesprochen.
Sie wissen, dass sie in die falsche Richtung laufen.
Sie wollen aber nur in die andere Richtung laufen,
wenn sie sicher sind, dass der Rest der Herde ihnen folgt.
UNBEKANNT

Zwei Dinge sind unendlich:
Das Universum und die menschliche Dummheit.
Aber beim Universum bin ich mir nicht ganz sicher!
ALBERT EINSTEIN

Lache nie über die Dummheit der anderen.
Sie kann deine Chance sein.
WINSTON CHURCHILL

Es ist besser, ungefähr recht zu haben,
als sich tödlich zu irren.
WARREN BUFFETT

Warten Sie, bis die Verzweiflung am größten ist
und dann noch eine Weile.
JIM ROGERS

Bildung ist das, was übrig bleibt,
wenn der letzte Dollar weg ist.
MARK TWAIN

Die letzte Stimme, die man hört, bevor die Welt explodiert,
wird die Stimme eines Experten sein, der sagt:
Das ist technisch unmöglich!
SIR PETER USTINOV

Wer nur von alten Zeiten träumt,
wird keine besseren erleben.
KLAUS UWE BENNETER

Jammere nicht über ein Unglück,
das noch gar nicht eingetreten ist!
ÄGYPTISCHES SPRICHWORT

Der Vernünftige passt sich der Welt an. Der Unvernünftige
beharrt darauf, die Welt an sich anpassen zu wollen.
Deshalb hängt jeglicher Fortschritt vom Unvernünftigen ab.
GEORGE BERNARD SHAW

Ein Autodidakt kann eine große Erfahrung erwerben
und reagiert oft intuitiv besser als ein geschulter Theoretiker,
ohne zu wissen warum, nur aufgrund seiner Erfahrungen.
ANDRÉ KOSTOLANY

Kurz vor dem Morgen ist die Nacht am schwärzesten.

BAISSE-WEISHEIT

Wenn man zwei Stunden lang mit einem netten Mädchen
zusammensitzt, meint man, es wäre eine Minute.
Sitzt man jedoch eine Minute auf einem heißen Ofen,
meint man, es wären zwei Stunden. Das ist Relativität.

ALBERT EINSTEIN

Alkohol kann die Phantasie stimulieren, unnütze Hemmungen
beiseite räumen, und das ist sehr oft besonders günstig.

ANDRÉ KOSTOLANY

Bei jeder guten bürgerlichen französischen Familie
hat man den dümmsten Sohn zur Börse geschickt.
Bestimmt hat das seine Gründe.

ANDRÉ KOSTOLANY

Beim Kauf soll man romantisch, beim Verkauf realistisch sein –
zwischendurch soll man schlafen.

ANDRÉ KOSTOLANY

Das Wissen um den richtigen Zeitpunkt ist der halbe Erfolg.

COUVE DE MURVILLE

Der Gewinn anderer wird fast wie ein
eigener Verlust empfunden.
WILHELM BUSCH

Der Markt ruiniert immer die Schwachen, nämlich die
Investoren, die keine fundierten Überzeugungen haben.
V. NIEDERHOFFER

Falsche Nachrichten sind gefährlich, aber falsche Auslegung
richtiger Nachrichten ist noch gefährlicher.
ANDRÉ KOSTOLANY

Die massenpsychologischen Reaktionen sind an der Börse
wie im Theater: Einer gähnt, und in kürzester Zeit gähnt jeder.
Hustet einer, so hustet sofort der ganze Saal.
ANDRÉ KOSTOLANY

Drei Dinge treiben den Menschen zum Wahnsinn:
Die Liebe, die Eifersucht und das Studium der Börsenkurse.
JOHN MAYNARD KEYNES

Aus Teilsiegen kann man ebenso lernen
wie aus Niederlagen.
LARRY LIVINGSTON IN „JESSE LIVERMORE – DAS SPIEL DER SPIELE"

Die Zukunft ist niemals klar: Schon für ein bisschen Gewissheit
muss man einen hohen Preis zahlen.
Unsicherheit ist deshalb der Freund von Langfrist-Investoren.
WARREN BUFFETT

Diversifikation begünstigt die Ignoranz.
WILLIAM O'NEIL

Fragezeichen sind an der Börse immer ein störendes Element.
Weder das Publikum noch die zittrigen Spieler haben genug
Nerven, um bei einem unerwarteten Ereignis den Problemen
fest ins Auge zu schauen, auch für den Fall, dass es ein
gutes Ereignis ist. Abgesehen davon können die meisten gar
nicht beurteilen, was für die Börse gut oder schlecht ist.
ANDRÉ KOSTOLANY

Die Gerüchte sind frei.
UNBEKANNT

Es gibt Börsenprofis, mit denen einer, der nicht genügend
hartgesotten ist, kein Gespräch führen darf; denn alles,
was sie sagen, kann nur einen negativen Einfluss haben.
ANDRÉ KOSTOLANY

Meine Strategie ist, dass ich keine Strategie habe.
HEIKO THIEME

Wenn man einen guten Rat von einem schlechten Rat
unterscheiden kann, braucht man keinen Rat.
UNBEKANNT

Immer wenn man glaubt, den Schlüssel zum Markt gefunden
zu haben, wird das Schloss ausgewechselt.
GERALD LOEB

Hat man eine schlaflose Nacht wegen eines Börsenengagements,
soll man es sofort lösen.
ANDRÉ KOSTOLANY

Haben wir an der Börse vor einem schlechten Ereignis
zu große Angst, sind wir nach seinem Eintreffen
schon einige Stunden später erleichtert.
Das ist das berühmte Phänomen der vollendeten Tatsache.
ANDRÉ KOSTOLANY

Ich glaube, dass viele anständige Investmentbanker
und grundehrliche Makler an der Börse
ihr Geld im Schweiße anderer Angesichter verdienen.
HARALD SCHMIDT

Glücklicherweise gibt es mehrere Wege,
die zum Finanzhimmel führen.
WARREN BUFFETT

Man soll nicht alles wissen (Bilanzen, Dividenden usw.),
man muss nur alles verstehen.
ANDRÉ KOSTOLANY

Geduld ist die oberste Tugend des Investors.
BENJAMIN GRAHAM

Nehmen, wenn die anderen geben wollen und geben,
wenn die anderen nehmen.
ANDRÉ KOSTOLANY

Mir imponieren nur die Millionäre,
die mir auch imponieren würden,
wenn sie keinen Knopf in der Tasche hätten.
ANDRÉ KOSTOLANY

Mein Ansatz funktioniert nicht,
weil er zutreffende Prognosen macht,
sondern weil er mir erlaubt,
falsche Prognosen wieder zu korrigieren.
GEORGE SOROS

Die besten Dinge verdanken wir dem Zufall.
CIACOMO CASANOVA

Man soll die Ereignisse nicht mit den Augen verfolgen,
sondern mit dem Kopf.

ANDRÉ KOSTOLANY

Man benutzt Statistiken, um zu beweisen,
dass man mit Statistiken alles beweisen kann.

ANDRÉ KOSTOLANY

Oft kann man durch Zufall
die glücklichsten Dummheiten begehen.

ANDRÉ KOSTOLANY

Nur einmal geht der Fuchs in die Falle.

SPRICHWORT AUS BULGARIEN

Über das Wochenende hat man Ruhe und Zeit,
um sich Gedanken über die Börse zu machen,
und dann kann man nach reifer Überlegung
die Strategie entwickeln und Pläne schmieden.

ANDRÉ KOSTOLANY

Wenn jemand Recht hat, will er, dass alles so geschieht,
dass er auch weiterhin Recht behält.

JESSE LIVERMORE

Man muss die Börse heiß lieben und kalt behandeln.
ANDRÉ KOSTOLANY

Erzähle mir die Vergangenheit,
und ich werde die Zukunft erkennen.
HAMLET

Man soll weniger addieren, subtrahieren, multiplizieren,
dafür um so mehr denken und überlegen. Die Zahlen sind nur
Erscheinungen an der Oberfläche, oft sogar nur Illusionen,
die wie Seifenblasen zerplatzen. Viel wichtiger ist,
was dahintersteckt und was die Ursachen dafür sind.
ANDRÉ KOSTOLANY

Nichts ist wichtiger und nützlicher im Leben und an der Börse,
als den anderen zum Nachdenken zu veranlassen.
Ich weiß, dass die Versuchung groß ist, eher der Meinung von
Maklern, Bankern, Gurus und Medien zu folgen,
als sich selbst den Kopf zu zerbrechen.
Aber probieren Sie einmal das souveräne Denken,
und Sie werden daran ein wahrhaftes Vergnügen haben.
Der Alte Fritz schrieb einmal:
Kenntnisse kann jeder haben,
aber die Kunst zu denken ist
ein seltenes Geschenk der Natur.
ANDRÉ KOSTOLANY

Wenn irgendein Ereignis auf dem Markt eine psychologische
Wirkung haben soll, muss sie sofort kommen,
denn am nächsten Tag ist das Ereignis vergessen.
ANDRÉ KOSTOLANY

Nicht reich muss man sein, sondern unabhängig.
ANDRÉ KOSTOLANY

Wenn man über die Einzelheiten zu viel weiß,
hat man keinen Überblick mehr über das Ganze.
ANDRÉ KOSTOLANY

Wie es Moltke für den Krieg sagte,
so braucht man für die Börse die vier Gs:
Geld, Gedanken, Geduld und Glück.
ANDRÉ KOSTOLANY

Wenn sich alle Experten einig sind, ist Vorsicht geboten.
BERTRAND RUSSELL

Von einer falschen Idee können wir manchmal so irregeführt
werden, dass wir ein Leben lang in dem Irrtum bleiben und die
wahre Lage nie erkennen.
ANDRÉ KOSTOLANY

Unterhalte ich mich mit einem Börsenkollegen,
so brillant er auch sein mag, merke ich nach zwei Sätzen,
dass er Volkswirtschaft studiert hat.
Seine Argumente und Analysen sind in ein Korsett eingezwängt,
aus dem er nicht herausfindet.

André Kostolany

Wo viel verloren wird, ist manches zu gewinnen.

Goethe

Wissen ist immer nur Stückwerk.
Sie können nicht alle Informationen verarbeiten.
Niemand kann alles wissen.
Für den Erfolg an der Börse ist aber
Ihr Wissensvorsprung ausschlaggebend.
Besser, über weniger sehr viel zu wissen,
als über vieles ein wenig.

Gottfried Heller

Lieber aussteigen als eingehen.

Unbekannt

Wer sich nach den Tipps von Brokern richtet,
kann auch einen Friseur fragen,
ob er einen neuen Haarschnitt empfiehlt.

Warren Buffett

Wer die Papiere nicht hat, wenn sie zurückgehen,
hat sie auch nicht, wenn sie steigen.
ANDRÉ KOSTOLANY

Wenn's in der Tagesschau ist, ist's vorbei.
UNBEKANNT

Risiko entsteht dann,
wenn Anleger nicht wissen, was sie tun.
WARREN BUFFETT

Wer den Verlust fürchtet,
kann keine Gewinne machen.
GEORGE SOROS

Pessimismus ist Zeitverschwendung.
SIMON PERES

Solidarität ist immer eine Forderung,
die sich an den Stärkeren richtet.
BIRGIT BREUEL

Wer nicht an Wunder glaubt, ist kein Realist.
DAVID BEN GURION

GELD & GELDANLAGE

100 Dollar in 110 Dollar zu verwandeln ist Arbeit.
Dass sich 100 Millionen Dollar
in 110 Millionen Dollar verwandeln,
ist unvermeidlich.
EDGAR BRONFMAN

Man braucht dafür kein Kernphysiker zu sein.
Geldanlage ist kein Spiel,
bei dem einer mit einem IQ von 160
gegen einen mit einem IQ von 130 gewinnt.

WARREN BUFFETT

Oft wird gesagt, der Indianer, der im Jahr 1626
die Insel Manhattan für 24 Dollar verkauft hat,
sei vom weißen Mann übers Ohr gehauen worden.
Aber in Wirklichkeit war er vielleicht ein schlauer
Geschäftsmann. Wenn er die 24 Dollar zu sechs Prozent
Zinsen bei halbjährlicher Zinseszinsermittlung angelegt hätte,
dann wären das jetzt über 50 Milliarden Dollar,
und damit könnten seine Nachfahren einen großen Teil
des aufgewerteten Landes zurückkaufen.

BURTON MALKIEL

Ich lege großes Gewicht auf Gewissheit. Unternehmen zu einem
Bruchteil ihres Wertes zu kaufen ist nicht riskant.

WARREN BUFFETT

Geldanlage ohne Research ist wie Poker ohne Karten.

PETER LYNCH

Unternehmensleitungen können mit Informationen vorsichtig
sein, vor allem wenn sie wissen, dass wir viele Aktien von ihnen
besitzen. Aber ihre Konkurrenten sprechen gewöhnlich ganz
offen über sie. Das ist, als ob man etwas über eine junge Dame
herausfinden will, für die man sich interessiert. Wenn man ihre
Mutter fragt, bekommt man bestimmt ein anderes Bild als wenn
man den Freund fragt, mit dem sie gerade Schluss gemacht hat.
Wir möchten hören, was der Freund zu sagen hat.

RALPH WANGER

Es ist besser, ein paar große Einsätze zu machen
und abzuwarten. Gegenüber dem
Nichtstun hat das riesige mathematische Vorteile.

CHARLIE MUNGER

Am Aktienmarkt gilt genau wie beim Pferderennen,
dass das Geld die Stute laufen lässt.
Der Geldmarkt übt einen enormen Einfluss auf die
Aktienkurse aus. Tatsächlich ist das Klima am Geldmarkt –
vor allem die Zinsentwicklung und die Politik der Notenbank –
der wichtigste bestimmende Faktor für die
allgemeine Entwicklungsrichtung des Aktienmarktes.

MARTIN ZWEIG

Der Schlüssel zur Vermögensbildung besteht darin,
dass man Kapital bewahrt und
geduldig auf die Chance für außerordentliche Gewinne wartet.

VICTOR SPERANDREO

Die Elemente guten Tradings sind Verlustbegrenzung,
Verlustbegrenzung und Verlustbegrenzung.

ED SEYKOTA

Wenn das Geld dafür gedacht wäre,
dass man es festhält, wären Griffe dran.

ALTER POKERSPRUCH

Geld ist der kürzeste Weg zu allen Dingen.

ANDREW CARNEGIE

Der Weg zum Reichtum liegt hauptsächlich in zwei Worten:
Arbeit und Sparsamkeit.

BENJAMIN FRANKLIN

Man läuft Gefahr zu verlieren,
wenn man zu viel gewinnen möchte.

JEAN DE LA FONTAINE

Wenn du einem Freund fünf Dollar borgst und
er lässt sich nie wieder bei dir sehen, ist das Geld gut angelegt.

J. PAUL GETTY

Geld allein macht noch nicht unglücklich.

PETER FALK

Reich wird man nicht durch das, was man verdient,
sondern durch das, was man nicht ausgibt.
HENRY FORD

Für beides ist dem Anlageberater zu danken.
Für den guten Rat, den wir befolgten.
Für den weniger guten, den wir nicht befolgten.
FRANK VONEGG

Geizhälse sind unangenehme Zeitgenossen,
aber angenehme Vorfahren.
BERNHARD FÜRST VON BÜLOW

Geld ist besser als Armut –
wenn auch nur aus finanziellen Gründen.
WOODY ALLEN

Geld allein macht nicht glücklich, aber es ist besser,
in einem Taxi zu weinen als in einer Straßenbahn.
MARCEL REICH-RANICKI

Der Goldpreis?
Das ist Substanz plus Glaube und Angst minus Zinsen.
ALAN GREENSPAN

Wenn ich ein Dienstmädchen einstelle,
das im Jahr 2000 Franken kostet,
geht das Bruttosozialprodukt hinauf –
heirate ich dann das Mädchen,
kommt es wieder herunter.
NELLO CELIO

Kann sich irgendwer erinnern,
dass die Zeiten einmal nicht hart waren und
das Geld nicht knapp?
RALPH WALDO EMERSON

Als erstes im Bankgeschäft lernt man den Respekt vor der Null.
CARL FUERSTENBERG

Sparmaßnahmen muss man dann ergreifen,
wenn man viel Geld verdient.
Sobald man in den roten Zahlen ist, ist es zu spät.
J. PAUL GETTY

Würde alles Geld und Gut dieser Welt an einem beliebigen Tag
um drei Uhr nachmittags gleichmäßig unter die Erdenbewohner
verteilt, so könnte man schon um halb vier erhebliche
Unterschiede in den Besitzverhältnissen der Menschen feststellen.
J. PAUL GETTY

Lebensstandard ist der Versuch, sich heute das zu leisten,
wofür man auch in zehn Jahren noch kein Geld haben wird.
DANNY KAYE

Ein Kredit ist eine merkwürdige Sache.
Sofort bekommt man ihn nur dann,
wenn man nachweisen kann,
dass man ihn gar nicht braucht.
CURT GOETZ

Banken sind gefährlicher als stehende Armeen.
THOMAS JEFFERSON

Geld allein macht nicht glücklich.
Es gehören auch noch Aktien,
Beteiligungen, Gold und Grundstücke dazu.
DANNY KAYE

Der ehrliche Schuldner ist einer, der seine Erben enttäuscht,
nie jedoch seine Gläubiger.
ANDRÉ KOSTOLANY

Es gibt bestimmt Menschen, die froh darüber sind,
nicht ihre eigenen Gläubiger zu sein.
ANDRÉ KOSTOLANY

Ich habe niemals einen wirklich großen Geschäftsmann gesehen,
dem das Verdienen die Hauptsache war.
WALTHER RATHENAU

Geld zu machen ist nicht schwer, Geld zu halten aber sehr.
ANDRÉ KOSTOLANY

Geld ist wie Wasser. Es fließt zum geringsten Widerstand.
FRANK STRONACH

Die Phönizier haben das Geld erfunden – aber warum so wenig?
JOHANN NEPOMUK NESTROY

Das Kapital hat das Herz eines Hasen,
die Beine eines Rennpferdes und das Gedächtnis eines Elefanten.
GIUSEPPE PELLA

Den Arbeitslosen geht es in Europa besser als den
Vollbeschäftigten in Asien. Ich bin aber optimistisch, dass sich
Europa aus dem System der letzten 50 Jahre lösen kann.
HELMUT SOHMEN

Wer den Pfennig nicht ehrt, ist den Taler nicht wert.
DEUTSCHES SPRICHWORT

Oft gibt es Anlageberater, die den Ausdruck „Ich garantiere..."
häufig benutzen. Doch wer garantiert für sie?

ANDRÉ KOSTOLANY

Jeder kann Geld mit Aktien verdienen,
wenn er nur seine Hausaufgaben macht.

PETER LYNCH

Das Hochgefühl, das einen überkommt, wenn man richtig liegt
und viel Geld verdient, ist unglaublich. Mit Drogen lässt sich
dieser Zustand jedenfalls nicht erreichen. Man ist völlig
unbesiegbar und gegen jeden Schmerz immun, man sieht alles
durch eine rosarote Brille. Es ist, als wenn der Schöpfer gleich
bei einem anrufen und fragen würde: „Ist es dir recht, wenn ich
morgen früh die Sonne aufgehen lasse?" Nach kurzem Überlegen
würde man wahrscheinlich antworten: „Ja doch, mach nur."

JIM PAUL

Es gibt tausend Möglichkeiten, sein Geld auszugeben,
aber nur zwei, Geld zu verdienen:
Entweder wir arbeiten für Geld oder Geld arbeitet für uns!

BERNARD BARUCH

Dem Geld darf man nicht nachlaufen.
Man muss ihm entgegen gehen.

ARISTOTELES ONASSIS

Wer den ganzen Tag arbeitet, hat keine Zeit, Geld zu verdienen.

ROCKEFELLER

Börsianer auf dem Weg zur Börse zu seinem Begleiter:
„Was raten Sie mir zu kaufen?" –
„Kaufen Sie Barometer – die stehen jetzt sehr niedrig!"

FLIEGENDE BLÄTTER 1889, BAND 91

Zur wichtigen Schlüsseleigenschaft Geduld: Ich warte nur
einfach, bis irgendwo Geld in der Ecke liegt und ich nur hinüber
gehen muss, um es aufzuheben. Vorher mache ich nichts.

JIM ROGERS

Ich kann nicht mehr aussteigen; mein Verlust ist schon zu groß.
Die berühmten letzten Worte eines Verlierers.

UNBEKANNT

Der Rechner blendet Emotionen aus.
Er steht nicht unter dem sozialen Druck, frühere Anlage-
entscheidungen rechtfertigen oder beschönigen zu müssen.

JOACHIM GOLDBERG

Gewinne an der Börse sind Schmerzensgeld.
Erst kommen die Schmerzen und dann das Geld.

ANDRÉ KOSTOLANY

Ein Mann kann zwischen mehreren Methoden wählen,
sein Vermögen loszuwerden:
Am schnellsten geht es am Roulette-Tisch,
am angenehmsten mit schönen Frauen und
am dümmsten an der Börse.
ANDRÉ KOSTOLANY

Bargeld in der Tasche und gleichzeitig die Absicht zu haben,
bei niedrigen Kursen in die Börse einzusteigen,
ist dasselbe Vergnügen, wie hungrig zu sein und
sich auf dem Weg ins Restaurant zu befinden.
ANDRÉ KOSTOLANY

Das Geld, das man hat, verhilft uns zu Freiheit –
das Geld, dem man nachjagt, macht uns zu Knechten.
ROUSSEAU

Das Vergnügen, Geld zu verdienen,
ist mit dem Vergnügen, Geld zu besitzen, nicht zu vergleichen.
COLONEL VANDERBILT

Geld ist nicht alles. Aber viel Geld, das ist etwas anderes.
UNBEKANNT

Geld ist geprägte Freiheit.
FJODOR DOSTOJEWSKIJ

Geld ist eine Sprache, und wie immer du sie gebrauchst:
Sie verrät dich.

UNBEKANNT

Der Baissier wird von Gott verachtet,
weil er nach fremdem Gelde trachtet.

ANDRÉ KOSTOLANY

Wer den ganzen Tag arbeitet, hat keine Zeit, Geld auszugeben.

ROCKEFELLER

Für den Börsianer ist Geld wie Meerwasser für den Durstigen.
Je mehr er trinkt, um so durstiger wird er.

ARTHUR SCHOPENHAUER

Mit am besten lernt man die Menschen kennen,
wenn es irgendwo etwas gratis gibt.

UNBEKANNT

Einerseits schließt der Verlust den Gewinn mit ein;
andererseits schließt der Gewinn den Verlust mit ein.

LAOTSE

Eine gute Anlage ist eine gelungene Spekulation.

ANDRÉ KOSTOLANY

Geld ist wie ein Kaninchen. Es gerät in Angst und Panik, wenn es die kleinste Gefahr wittert. Dabei aber handelt es unüberlegt.

ANDRÉ KOSTOLANY

It's only money.

UNBEKANNT

Das Geheimnis des finanziellen Erfolgs ist billig kaufen, teuer verkaufen, rasch kassieren und spät zahlen.

RICHARD LEWIN

Von einem bestimmten Punkt an wird Geld bedeutungslos. Es hört auf, das Ziel zu sein. Es ist das Spiel, das zählt.

ARISTOTELES ONASSIS

Man darf kein Träumer sein, wenn man sein Geld im Schlaf verdienen will.

WERNER MITSCH

Moden meiden: Laufen Sie keinen Modetrends hinterher – auch nicht in Ihren Geldanlagen.
Wenn alle an der gleichen Stelle nach Gold suchen, sind die Chancen, dass Sie etwas finden, sehr gering.

GOTTFRIED HELLER

Man sollte wissen, dass hinter den Fassaden
großer Finanzinstitute keine Musterknaben sitzen.
ANDRÉ KOSTOLANY

Reich wird, wer in Unternehmen investiert,
die weniger kosten, als sie wert sind.
WARREN BUFFETT

Wenn es um dein Geld geht,
dann vertraue nur einer einzigen Person: dir selbst.
TOM UND DAVID GARTNER

Um die Zukunft einer Geldanlage abzuschätzen,
müssen wir die Nerven, Hysterien, ja sogar die Wetterfühligkeit
jener Personen beachten, von deren Handlungen
diese Geldanlage weitgehend abhängt.
JOHN MAYNARD KEYNES

Geld ist wie eine schöne Frau:
Wenn man es nicht richtig behandelt, läuft es einem weg.
J. PAUL GETTY

Geld ist die einzige Macht, auf die Verlass ist.
MADONNA

Gott will nicht, dass man nicht Geld und Gut haben und
nehmen solle, oder wenn man's hat, wegwerfen solle,
wie etliche unter den Philosophen und tolle Heilige unter
den Christen gelehrt und getan haben.

MARTIN LUTHER

Keine Festung ist so stark,
dass Geld sie nicht einnehmen kann.

CICERO

Geld hat noch keinen reich gemacht.

SENECA

Geld kann den Hunger nicht stillen,
sondern ist im Gegenteil der Grund für Hunger.
Denn wo reiche Leute sind, da ist alles teuer.

MARTIN LUTHER

Das Geld ist kein Übel,
sonst könnten wir es nicht so leicht loswerden.

JAMES LAST

Das Geld macht keine Narren. Es enthüllt sie nur.

KEN HUBBARD

Für Verschwender ist das Geld rund, für Sparsame flach.
HONORÉ DE BALZAC

Geld ist nicht alles.
Mit zwanzig Millionen Dollar kann man genauso
glücklich sein wie mit einundzwanzig.
DONALD TRUMP

Geld macht nicht glücklich, aber es gestattet uns,
auf verhältnismäßig angenehme Weise unglücklich zu sein.
HELEN GURLEY BROWN

Geld allein macht nicht glücklich,
es muss auch die richtige Währung sein.
UNBEKANNT

Wer auch immer gesagt hat, dass Geld nicht glücklich macht,
hatte keine Ahnung, wo man gut zum Einkaufen geht.
BO DEREK

Ein großer Vorteil des Alters liegt darin,
dass man nicht länger die Dinge begehrt,
die man sich früher aus Geldmangel nicht leisten konnte.
SIR CHARLES CHAPLIN

Information über Geld ist fast so wichtig wie Geld selbst.
WALTER WRISTON

Ein reicher Mann ist oft nur
ein armer Mann mit sehr viel Geld.
ARISTOTELES ONASSIS

Wenn du dich reich fühlen willst,
dann zähle alle deine Schätze,
die man für Geld nicht kaufen kann.
SPRICHWORT

Den Großteil meines Geldes habe ich für
Alkohol, Weiber und schnelle Autos ausgegeben.
Den Rest habe ich verprasst.
GEORGE BEST

Was man nicht für Geld kaufen kann,
kann man für mehr Geld kaufen.
AUS BULGARIEN

Was nützen einem zehn Millionen,
wenn man nicht an das wirklich große Geld kommt?
JESSE LIVERMORE

In der Welt der Vermögensverwaltung ist es besser,
auf konventionelle Art sehr schlimm zu versagen und
für seine Kunden viel Geld zu verlieren,
als auf unkonventionelle Art ein bisschen zu verlieren.
MARC FABER

Ich würde gern leben wie ein armer Mann mit sehr viel Geld.
PABLO PICASSO

An der Börse winkt das große Geld.
UNBEKANNT

Spekulieren & Investieren

Ein Kerl, der spekuliert, ist wie ein Tier auf dürrer Heide.
Von einem bösen Geist im Kreis herumgeführt,
und rings umher liegt schöne, grüne Weide.

Mephisto

Man sollte in verschiedene Aktien investieren,
denn von fünf Aktien ist eine super,
eine absolut schlecht und drei sind okay.
PETER LYNCH

Spekulieren ist kein Spiel mehr,
es ist eine Maßnahme zum Schutz des Vermögens.
ANDRÉ KOSTOLANY

Spekulation ist kein einfaches Geschäft.
Es ist kein Spiel für dumme und mental faule Menschen
mit geringem emotionalem Gleichgewicht.
JESSE LIVERMORE

Verkauft ein Börsenspekulant seine Papiere zum doppelten Kurs,
nenne ich das normal.
ANDRÉ KOSTOLANY

Weltweit investieren. Wenn Sie weltweit suchen,
finden Sie mehr und bessere Kaufgelegenheiten.
Wenn Sie Ihr Kapital an verschiedenen Börsen streuen,
mindern Sie Ihr Risiko und steigern Ihren Gewinn.
GOTTFRIED HELLER

Wichtig ist auch, nicht nur zwischen Anlegern und Spekulanten,
sondern auch zwischen Spekulanten und Spielern
zu unterscheiden. Der Anleger investiert sein Geld auf
lange Sicht in Aktiengesellschaften.
Zwischenzeitliche Schwankungen interessieren ihn nicht.
Der Spekulant stellt Überlegungen an,
hat Visionen und Motivationen.
Der Spieler hingegen hat nichts dergleichen,
er fuchtelt wild umher, denkt nicht nach,
rennt irgendwelchen Tipps und Trends hinterher.

ANDRÉ KOSTOLANY

Der größte Fehler vieler Spekulanten ist der Drang,
in einer kurzen Zeit reich werden zu wollen.
Rom wurde auch nicht an einem Tag erbaut.

JESSE LIVERMORE

Irre ich mich, kann mich nur eines davon überzeugen:
wenn ich Geld verliere.
Und ich habe nur Recht, wenn ich Geld verdiene.
Das nennt man Spekulation.

JESSE LIVERMORE

Investiere da, wo noch niemand ist.
Zieh dich zurück, wo schon alle sind.

JIM ROGERS

Die Börsenspekulation ist eine permanente Improvisation.
ANDRÉ KOSTOLANY

Spekulanten verhindern,
dass Fehlentwicklungen verborgen bleiben.
MILTON FRIEDMAN

Der einzige Investor, der nicht diversifizieren sollte,
ist derjenige, der immer 100 Prozent richtig liegt!
JOHN TEMPLETON

Investiere nur in eine Aktie,
deren Geschäft du auch verstehst.
WARREN BUFFETT

Die Börsenspekulation ist wie eine Skatpartie:
Man muss mit guten Karten mehr gewinnen als man mit
schlechten Karten verliert.
ANDRÉ KOSTOLANY

Die Erfahrung lehrt:
Bei einer Börsenspekulation ist der spontane Entschluss
oft der beste.
ANDRÉ KOSTOLANY

Ein Börsenspekulant muss immer in die Ferne schauen und
nicht nur bis zu seiner Nasenspitze. Nicht daran denken,
ob die Kurse morgen oder übermorgen steigen werden,
sondern an das, was alles noch kommen kann
und wird in den nächsten Monaten und Jahren.

ANDRÉ KOSTOLANY

Wenn die Börsenspekulation leicht wäre, gäbe es
keine Bergarbeiter, Holzfäller und andere Schwerarbeiter.
Jeder wäre Spekulant.

ANDRÉ KOSTOLANY

Als ich jung war, nannten mich die Menschen einen Spieler.
Als meine Geschäfte immer größer wurden,
wurde ich als Spekulant bekannt.
Jetzt werde ich Bankier genannt.
Aber ich habe die ganze Zeit immer das Gleiche gemacht.

SIR ERNEST CASSEL

Die Triebfeder hinter der Spekulation ist die Gier der Menschen,
schnell und ohne Arbeit viel Geld zu machen.

ANDRÉ KOSTOLANY

Spekulationen sind ein hartes und anstrengendes Geschäft
und ein Spekulant muss sich voll und ganz auf
seine Arbeit einlassen, sonst hat er bald keine mehr.

JESSE LIVERMORE

Die Improvisationskunst ist eine der
wichtigsten Eigenschaften des Spekulanten.
ANDRÉ KOSTOLANY

Geduld ist die oberste Tugend des Investors.
BENJAMIN GRAHAM

Spekulation ist das wahrscheinlich erfolglose Bemühen,
ein bisschen Geld in viel Geld zu verwandeln.
Geldanlage ist das hoffentlich erfolgreiche Bemühen
zu verhindern, dass aus viel Geld ein bisschen Geld wird.
FRED SCHWED

Es gab keinen wirtschaftlichen Fortschritt,
der nicht immer eine Folge der Spekulation gewesen wäre.
ANDRÉ KOSTOLANY

Tipps! Tipps! Alle wollen Tipps!
Nicht nur, dass sie darauf erpicht sind, welche zu bekommen,
nein – sie wollen auch welche geben!
Habgier und Eitelkeit spielen dabei eine ganz erhebliche Rolle.
LARRY LIVINGSTON IN „JESSE LIVERMORE – DAS SPIEL DER SPIELE"

Investiere dein Geld nie in etwas,
das frisst oder das neu gestrichen werden muss.
BILLY ROSE

Der erfolgreiche Investor hat sehr viel Geduld,
er kauft weit unter dem fairen Wert
und verkauft weit über dem fairen Wert.

WARREN BUFFETT

Wer viel Geld hat, kann spekulieren,
wer wenig Geld hat, darf nicht spekulieren,
wer kein Geld hat, muss spekulieren.

ANDRÉ KOSTOLANY

Wie wird man zum Spekulanten?
Wie ein unschuldiges Mädchen zu dem ältesten Beruf der
Menschheit kommt. Man fängt an aus Neugierde,
dann macht man es aus Spaß und zum Schluss für das Geld.

ANDRÉ KOSTOLANY

Ein Börsenspieler kann Gewinne machen,
aber kein regelmäßiges Einkommen.
Auch ein guter Spekulant kann jahrelang erfolglos sein.

ANDRÉ KOSTOLANY

Es gibt den einfachen Dummkopf, der die falsche Sache zu jeder
Zeit überall macht, aber es gibt den Dummkopf der Wall Street,
der denkt, die ganze Zeit investiert sein zu müssen.

JESSE LIVERMORE

Die Spekulation beginnt mit der instinktiven Absicht,
das eigene Hab und Gut auf die Dauer zu bewahren.
ANDRÉ KOSTOLANY

Für einen Spekulanten ist es nützlicher,
über eine Sache nachzugrübeln, ohne etwas zu unternehmen,
als etwas zu unternehmen, ohne nachzugrübeln.
ANDRÉ KOSTOLANY

Der Viehhändler David Drew ließ an seine Herde Salz
verfüttern und die Tiere unmittelbar vor dem Markt, auf
dem sie nach Lebendgewicht verkauft wurden, saufen.
Drew wurde einer der erfolgreichsten Wall Street-
Spekulanten und soll zur Prägung des Begriffes
„Verwässerte Aktien" angeregt haben.
UNBEKANNT

Die Spekulanten setzen auf die Nachrichten und Ereignisse,
die von Journalisten beschrieben werden.
ANDRÉ KOSTOLANY

Die meisten Leute kommen nicht durch Spekulation
zu Vermögen, sondern durch
richtige Beobachtung langfristiger Trends.
HEINZ BRESTEL

Devisenspieler lassen sich von den Statistiken und
Handelsbilanzen hypnotisieren und richten ihre
Spekulationen danach, obwohl die Zahlen,
die man heute veröffentlicht, morgen revidiert und die
revidierten übermorgen korrigiert werden.
ANDRÉ KOSTOLANY

Investieren Sie nie in eine Idee,
die man nicht mit einem Bleistift skizzieren kann.
PETER LYNCH

Bei der Lektüre zeitgenössischer Berichte über Haussen und
Paniken konnte man am nachhaltigsten feststellen,
wie gering die Unterschiede zwischen der Aktienspekulation
und den Spekulanten in der Vergangenheit und
in der Gegenwart doch waren.
Das Spiel änderte sich nie – ebensowenig wie die Menschen.
LARRY LIVINGSTON IN „JESSE LIVERMORE – DAS SPIEL DER SPIELE“

Die einzigen Zeugen für die Erfolge von Spekulanten
sind die Erben.
UNBEKANNT

Aktien & Aktionäre

Verliebe Dich nie in eine Aktie,
bleibe immer aufgeschlossen.
Peter Lynch

Man soll nicht glauben, dass die anderen,
nur weil sie massiv eine Aktie kaufen,
mehr wissen oder besser informiert sind.
Ihre Gründe können so unterschiedlich sein,
dass es unmöglich ist, daraus Folgen zu ziehen.
ANDRÉ KOSTOLANY

Kaufe nie eine Aktie, wenn du nicht damit leben kannst,
dass sich der Kurs halbiert.
WARREN BUFFETT

Offensichtlich muss man nicht in der Lage sein,
den Aktienmarkt vorherzusagen,
um mit Aktien wirklich Geld zu verdienen.
PETER LYNCH

Wenn jemand gute Aktien hat, wäre er verrückt,
wenn er nur wegen eines Kursrückschlages verkaufen würde.
WARREN BUFFETT

Warum soll ich die zweitbeste Aktie kaufen,
wenn ich die beste haben kann?
WARREN BUFFETT

Wer sich bereits vor jedem Risiko fürchtet,
soll die Börse und alle Aktien meiden.
ANDRÉ KOSTOLANY

Suchen Sie Aktien genauso aus,
wie Stachelschweine Liebe machen – sehr vorsichtig.
BOB DINDA

Wenn Sie schon sonst nichts über Kurs-Gewinn-Verhältnisse
wissen, dann sollten Sie wissen,
dass Sie Aktien mit hohen KGVs meiden sollten.
Ein Unternehmen mit hohem KGV braucht ein unglaubliches
Gewinnwachstum, um den hohen Preis zu rechtfertigen.
PETER LYNCH

Wenn man beim Aktienkauf alles richtig gemacht hat,
kommt der Verkaufszeitpunkt – fast nie.
PHILIP A. FISHER

Wer die gleichen Aktien kauft wie alle anderen,
hat auch die gleiche Performance!
JOHN TEMPLETON

Aktien sind Wein, Derivate sind Weinbrand.
FREIHERR PHILIPP VON BETHMANN

Rat zum Reichwerden mit Aktien:
Kaufen Sie billig, verkaufen Sie nie!
WARREN BUFFETT

Kaufe, wenn es mehr Aktien als Idioten an der Börse gibt,
Verkaufe, wenn es mehr Idioten als Aktien an der Börse gibt.
ANDRÉ KOSTOLANY

Kaufen Sie sichere Aktien, an die Sie glauben, und
nehmen Sie eine Schlaftablette für die nächsten 10 Jahre.
ANDRÉ KOSTOLANY

Ich habe oft gesagt, dass der Kauf in einem steigenden Markt
die angenehmste Art ist, Aktien zu kaufen.
JESSE LIVERMORE

Der dümmste Grund, eine Aktie zu kaufen, ist, weil sie steigt.
WARREN BUFFETT

So etwas wie Buchverluste gibt es nicht.
Ein Buchverlust ist ein echter Verlust.
JIM ROGERS

Die Aktionäre sind dumm und frech.
Dumm, weil sie ihr Geld anderen Leuten
ohne ausreichende Kontrolle anvertrauen;
frech, weil sie Dividenden fordern,
also für ihre Dummheit auch noch belohnt werden wollen.
CARL FÜRSTENBERG

Einer Straßenbahn und einer Aktie darf man nie nachlaufen.
Nur Geduld: Die nächste kommt mit Sicherheit.
ANDRÉ KOSTOLANY

Ich versuche nie, mit Aktien Geld zu verdienen.
Ich kaufe in der Überzeugung, dass die Börse
am nächsten Tag auch für fünf Jahre schließen könnte.
WARREN BUFFETT

Wenn mich ein Taxifahrer nach einer Aktienempfehlung fragt,
geht die Hausse richtig los.
Wenn er aber anfängt,
mir Aktien zu empfehlen, ist die Hausse vorbei.
PETER LYNCH

Glaube ein Viertel von dem, was du über Aktiengewinne,
Witz und Tugend hörst.
UNBEKANNT

Schenken Sie dem, was der Vorstand eines Unternehmens
über seine Aktie sagt,
niemals auch nur die geringste Aufmerksamkeit.

BERNARD BARUCH

Das Problem ist: Die Analysten flirten mit den Aktien,
die Anleger sind mit ihnen verheiratet.

UDO BANDOW

Wer sich etwa vorstellt, der durchschnittliche Wall-Street-Profi
suche nach Gründen, aufregende Aktien zu kaufen,
hat nicht viel Zeit an der Wall Street verbracht.
Der Fondsmanager sucht höchstwahrscheinlich nach Gründen,
keine aufregenden Aktien zu kaufen, damit er
passende Ausreden hat, wenn die aufregenden Aktien steigen.

PETER LYNCH

Der Markt für Erstemissionen wird von Mehrheitsaktionären
und von Unternehmen beherrscht, die normalerweise
den Zeitpunkt des Börsengangs bestimmen können.
Verständlicherweise wollen diese Verkäufer keine Schnäppchen
anbieten. Es kommt selten vor, das X für 1/2X verkauft wird.
Tatsächlich sind die verkaufenden Aktionäre häufig
nur dann für das Angebot motiviert, wenn sie das Gefühl haben,
dass der Markt zu viel bezahlt.

WARREN BUFFETT

Kleinaktionäre sind das Kanonenfutter des Wertpapierhandels.
CARL FÜRSTENBERG

Kaufen und Halten ist bei Weitem nicht die sichere Sache,
zu der es immer gemacht wird.
Es funktioniert in Haussen.
Es funktioniert, wenn man bröckchenweise investiert und
dabei das Auf und Ab mitnimmt.
Es funktioniert in leichten Baissen,
wenn die Rückgänge schnell wieder wenden.
Es kann funktionieren, wenn man 20 Jahre auf die Erholung
einer Aktie warten kann, nachdem sie um die Hälfte gefallen ist.
Andernfalls ist es riskant.
Es ist riskant, wenn man Aktien hält, die man zu
überzogenen Preisen gekauft hat.
Es ist extrem riskant, wenn die Altersversorgung von einem
positiven Ergebnis abhängt und wenn man vorhat,
in spätestens zehn Jahren mit dem Golfspielen anzufangen.
JOHN ROTHSCHILD

Als Daueranleger in Geldwerten (Festgeld, Festverzinsliche etc)
kommen Sie langfristig auf keinen grünen Zweig.
Sitzfleisch zahlt sich langfristig nur bei Sachwerten
für Sie aus – gerade auch an der Börse!
Betrachten Sie ab sofort Ihre Aktienanlage –
ähnlich wie Ihre Immobilien – als Daueranlage.
GOTTFRIED HELLER

Aktien sind nie zu teuer um zu kaufen und
nie zu günstig um zu verkaufen.
JESSE LIVERMORE

Wer um den Wert einer Aktie weiß, kauft stets dann,
wenn sie günstig zu haben ist.
LARRY LIVINGSTON IN „JESSE LIVERMORE – DAS SPIEL DER SPIELE"

Großartige Aktien sind äußerst schwer zu finden.
Wenn das nicht so wäre, hätte sie jeder.
PHILIP A. FISHER

Europas erstes Finanzportal

boerse.de®

seit 1994

DEUTSCHES AKTIENINSTITUT
1. Platz Bestes Anlegerportal www.boerse.de

✔ Kurse und Informationen zu über 300.000 Werten

✔ Aktuelle Nachrichten aus dem
weltweiten Marktgeschehen

✔ Detaillierte Fachbeiträge unabhängiger Experten

✔ kostenlose Newsletter zu verschiedenen
Themenbereichen

boerse.de-Aktienbrief
Der Brief für Champions-Aktien

Ihre Vorteile als Leser:
- Alle 14 Tage
- Objektive Aktien-Vergleiche nach der Performance-Analyse
- Konkrete Kauf- und Verkaufs-empfehlungen
- Langfristiger Vermögensauf-bau mit möglichst wenig Risiko

Inklusive:
- Jährlich ein persönlicher Depot-Check
- Unbegrenzter Zugriff auf den Abo-Bereich

Verdienen auch Sie an den Börsentrends und machen Sie jetzt einen kostenlosen Test!

Weitere Informationen erhalten Sie unter www.boersenverlag.de

Obwohl schon im Jahre 1923 erschienen, ist dieser zeitlose Klassiker modern wie nie. Die scheinbar so trockene Welt der Aktien wird durch die Lebensgeschichte einer der schillerndsten Persönlichkeiten der Wall Street, Jesse Livermore, zu einer spannenden Lektüre.

Dr. Otto Graf Lambsdorff (ehem. Bundeswirtschaftsminister)

Autor	Edwin Lefèvre
Titel	**Jesse Livermore – Das Spiel der Spiele**
	Folgen Sie dem „König der Spekulation"
Originaltitel	Reminiscences of a Stock Operator, originally published in 1923
Seiten	486 Seiten
Ausstattung	Hardcover mit Schutzumschlag
Auflage	13. Auflage 2009
Preis	39,95 Euro
ISBN	978-3-930851-04-1

Jesse Livermore wurde durch diesen Klassiker aus dem Jahr 1923 unsterblich. Denn Börsenbücher gibt es etliche, doch „Reminiscences of a Stock Operator" von Edwin Lefevre – in deutscher Übersetzung DAS SPIEL DER SPIELE – ist für viele *das* Original.

Die atemberaubende Karriere dieses Mannes, sein Vorgehen und seine Strategien faszinieren Börsianer aller Generationen von der ersten bis zur letzten Seite. Erstmals im Jahre 1923 erschienen, hat das Werk bis heute nichts an seiner Aktualität verloren. Denn Exzesse wie die New-Economy-Hype Ende der 90er Jahre oder die Finanzkrise von 2008, gab es auch schon vor 100 Jahren. Auch Sie werden feststellen, dass sich am Börsenspiel niemals etwas ändern kann, denn die Menschen bleiben in ihren Verhaltensweisen stets die gleichen und werden auch immer die gleichen Fehler machen!

DAS SPIEL DER SPIELE erklärt Ihnen, wie Sie bei steigenden und fallenden Kursen Gewinne erzielen. Sie erfahren, wie Sie Übertreibungen erkennen und auf was es an der Börse wirklich ankommt. Dabei sind es ebenso die fulminanten Siege wie die verheerenden Niederlagen Livermores, aus denen Sie lernen, wie an der Börse das große Geld verdient, aber auch verloren wird. Immerhin ist Jesse Livermore durch seine spektakulären Millionen-Gewinne an der Börse noch zu Lebzeiten eine Legende geworden. Seine Macht war so immens, dass sogar weite Kreise den „König der Spekulation" für den großen Crash von 1929 verantwortlich machten!

Auch für Sie wird DAS SPIEL DER SPIELE, das jetzt bereits in der 13. Auflage vorliegt, wahrscheinlich das wichtigste Börsenbuch sein, das Sie jemals gelesen haben!

BÖRSENVERLAG